JN439372

원신상 유고시집

나도 별이 되어

경남시인선 149

나도 별이 되어

원신상 유고시집

펴낸날 | 2012년 9월 5일

지은이 | 원 신 상
엮은이 | 원 부 영

펴낸이 | 오 하 룡
펴낸곳 | 도서출판 경남
주 소 | 창원시 마산합포구 몽고정길 2-1
연락처 | (055)245-8818~8819
홈페이지 | www.gnbook.com
블로그 | gnbook.tistory.com
이메일 | gnbook@empal.com
등 록 | 제2호(1985. 5. 6.)
편집팀 | 오태민 | 심경애 | 구도희

ISBN 978-89-7675-780-7-03810

〔값 10,000원〕

*이 책은 거제예총에서 제작비의 일부를 지원받았습니다.

나도 별이 되어

원신상 유고시집

도서출판 경남

차례

제1부 나도 별이 되어

제2부 섬사람들

제3부 내 영혼아

제4부 세상살이

제5부 다 버리고 가리

제1부 나도 별이 되어

나도 별이 되어

모든 것이 정지된 지금
밤하늘의 별들만
잠들지 않는다
고요하고 평화스러운
침묵의 정숙함에
정결한 밤으로 아름답다
나도 살아 있는 별이 되어
밤을 지키는 불침번이다
살아 있는 날까지
기다려야 하는 그리움 하나
가슴에 새긴 별이 되어
지상에 핀 별이려니
잠들지 않으려나 보다
모든 것이 정지된 지금
나도 별이 되어
잠들지 않는다

향나무 밑에 앉아

향나무 밑에 앉아
나뭇가지 사이로
파란 하늘 열어놓고
늘 하늘 닮아 가자고
가을 하늘 바라봅니다

하루 종일 말없이
나무와 교감하며
날마다 곁에 두고
나무 닮아 삽니다

늙고 기력 없어지면
버림받는 세상에는
끼어서 사는 일이
남세스러워
나무 밑에 사는 일이
편안합니다

여름밤

여름밤은
무더워서
잠 못 드는 밤
밤하늘에 밝은 달도
무더운 듯 옷 벗었다
산들바람 구름 몰고
산 넘어가고
등물 치고 둥근 얼굴
곱게 웃는다
여름밤에
둥근 달이 하늘하늘 떠가며
잘 자라고 손 저어
웃고 갑니다
찬물에 등물 치고
웃고 갑니다

아침의 상심

해 오르는 저리로
길 열어 두고
사립도 없는 집
들 문 헐어 두었다
아무나 오면 되도록
기다림 아닌 비어 둔
집 안에 먼지 털어내고
마주 앉을 걸상 앞에
쟁반에 홍시 담아두어
아침 햇살이 창문을 거쳐
환한 거실은 지금
너는 와서 좋을 이 고요
해는 차츰 허공을 오르고
해그림자 저리로 기우는
머물지 않는 시간 속에
기다리는 마음같이
애타는 아침이다

시선집 발간

읽을 사람도 없는
시선집을 출간해 놓고
시집 속에 파묻혀
잠을 잔다
아픔도 슬픔도 그리움도
모두 잠을 잔다
잠든 시편들을 깨울 수 없어
그냥 차곡차곡 쌓아두고
한 시대의 건너편까지
잠재우려 두고 있다
부질없는 일이여
일상의 허무들을 엮어
시집 속에 잠재우고
인간의 허물은 빠져나와
어느 길목에 헐벗은
가슴 하나 메말라가고
시간의, 세월의 저편에서
가난한 인간으로
다시 깨어나고 있다

흰 구름 흘러가는 곳

아득히 먼 하늘
흰 구름 흘러가는 곳
하얀 목화송이
구름꽃 피어가네
가는 곳 어디메뇨
푸른 하늘 건너서
우리 모두 만나고픈
옛 얼굴 뵈올까
영생복락 누리는
거기가 저긴가
흰 구름 흘러가는 곳
이 마음 따라가네
아름다울 우리네 삶
거기가 행복하리라
아득한 먼 하늘
흰 구름 흘러가는 곳

단풍

울긋불긋 고운 빛에
가을 산이 물들었다
해마다 비단자락
단풍으로 눈부시다

가을 산에 나가 앉은
바위들도 단풍 들고
계곡으로 흐른 물도
단풍으로 물들었다

무덤무덤 산무덤들
억새밭에 잠들어도
고운 단풍 잎새들에
고운 영혼 춤을 춘다

산산산산에 올라
나도 함께 풀꽃 되어
가을빛에 눈부시게
단풍으로 물들어라

봄의 침묵

아무도 없다
봄은 와서 서성이는데
아무도 없다
빈집에 바람 한 점
노닥거리고 간 뜰
난초 몇 포기 쏙
돋아나고
포슴한 햇살 번져
졸고 있다
제 혼자 피고 흩이는
매화 꽃잎
힘없이 날려지고
파란 잡초들이
송긋송긋 솟아
웃고 있다
살다간 문지방에
자욱한 침묵의
낡은 흔적
봄볕에 말라
뒤틀린다

꿈으로도

꿈으로 너는 와서
옛대로 다정하게
구차한 살림살이
말없이 보살피고
가난을 감싸주고
허기진 식탁 위해
상추며 쑥갓들을
정갈하게 씻어드는
가난한 옛 모습으로
아내의 따뜻한 마음 씀이
지난밤 꿈으로 행복하였네
사는 일이 그렇지 못할 바엔
꿈으로도 좋아라 자주 오소서
밤마다 꿈으로나
살고지고 살고지고

고향집

이그러진 돌담길
돌아들면
허물어진 사립 안으로
너른 울타리 안에
키 큰 접중화 나란히 서서
붉고 흰 접시꽃 피어 있고
봉숭아꽃 나지막이 붉게 피어
칠월의 햇살에도 생기 돋우던
어릴 적 내 집이 그립습니다
허지에 어우러진 호박 넝쿨이
푸른 기세들로 가득하여
노란 호박꽃 통 속에서
벌들이 꿀먹기에 잠 책이던
그새에 둥근 호박 덩어리들
뒹굴어 추석을 기다리던
정겨운 고향집이 그립습니다

어머니 기일

—어머니 기일 55주년

어머니 가신
오십오 주기
오늘이 기일이기에
아득한 세상 살았습니다
아버지 뜨신 일흔네 해
천애고아로 살았습니다
처도 잃고 칠 년 세월
홀애비로 사는 날이 지옥인 지금
어머니 어머니 불러 봅니다
목메게 부르는 이 마음엔
한인지 설움인지
눈물만 고입니다
홀로 앉아 불효자식
한으로만 우웁네다

행복한 집

올해도 모란은
철없이 피어 나풀거리겠지
오월의 울타리에
붉게 핀 너털웃음이
옛집에 아른거린다

오월이면 생각나는
등꽃이 어우러지고
벌떼 잉잉거리는
조용한 그 집이 그리워
눈을 감아 본다

따뜻한 햇살이 가득하여
고요한 정원에 장미꽃 피면
빈집에 향기로 가득하던
옛집이 그리워지는
우리네 한때의 행복한 집

이맘때면 · 1

이맘때면 생각나는
봄나물 향기로운
구미가 그리워라

산채를 캐러 가는
봄 동산에 올라라

진달래 꺾어 들고
들길로 돌아오던
그 시절이 그리워라

봄나물 찬밥에
쌉싸름한 나물무침
된장에 비벼 먹던
그 가난도 그리워라

한낮을 밭도랑에
조울 듯 나물 캐던
철없던 아이로도
지금을 살고파라

아내의 7주기

그대 없이 사노라는
삶이 어찌 삶이리오
홀로 시달리어 7주기
지치고 힘겨워
죽음만도 못하여
이 목숨 지우고자
저세상 그립니다
생각하면 아쉽고
후회스러운
고쳐 못할 우리네 연분
서럽고 한스러운
세월로 남아
힘겨운 여생 홀로 삽니다
돌이킬 수 없이
홀로 삽니다

이맘때면 · 2

늦가을 이맘때면
등 밭에 고구마 캐는
호미 날 황토 두덕
헤 잡고 가는
굵고 먹음직한 고구마들이
불어져 나오는 밭이랑에
어머니 휘인 허리
힘든 줄도 모르고
하루해 빠지도록 일하시다
어둔 밭둑 길로
한 멍석 이고
바쁜 듯이 오시던
그 모습 보입니다
무쇠 솥 가득 삶은
고구마 김이
부엌을 맴돌아 마루 끝까지
구수한 향기로 구미 돋우던
어머니의 손끝이 그립습니다
늦가을 이맘때면 생각납니다

가을인 듯하오리다

들길로 가노라면
가을꽃이 피었으리
그대 돌아오는 길에
구절초 꺾어들고
들국화도 꺾어
한 다발 넉넉하게
가을꽃을 안고 오게
집 안에 먼지 털고
꽃 항아리 씻어 두어
가을을 가득 꽂아놓고
가을인 듯하오리라
방 안에 가을 향기
가득 채워두리이다

둥 지

행복이 진 자리
빈 둥지에는

동그마니 외로움에
푸른 하늘을 담아 두고
앙상한 틈새로
찬바람만 드나든다

밤이면 별빛을
가슴에 품고
못 채운 보금자리의
꿈을 담아내고

허물어질 둥지의
세월을 다독이며
파란 하늘만 그리워하는

빈 둥지에는
노닥거리는 바람만
일고 있다

오월로 물들이자

진달래꽃 진 산에
신록이 우거지면
산새들의 보금자리
알 익는 소리
무성 진 숲 속으로
사랑이 소곤대면
넉넉한 가슴들이
푸르게 물들어라
오월에는 산으로 가자
우리네 메마른 가슴들아
오월로 물드는 푸름에
그늘진 녹음에 젖어
다정한 이야기로
삶을 덜어내자
산새들보다 더욱
우리네 사랑을 길들이자

가을 길

가을 들길을
홀로 가기에 먼 굽잇길
허기진 가슴으로 가고 싶어
굽이굽이 고향 길 찾아갑니다
가을꽃이 피어 있는 들길마다
고향 향기로 가득한 길
코스모스 꽃길이 눈에 서리고
구절초 꽃들이 하늘거리는
이슬 맺은 풀섶에
아침 햇살 눈부신 길
풀 냄새 코가 시리도록
낮고 높은 언덕들이 번갈아 있는
들길 비탈길로 헤매고픈
고향 가을길이 눈에 서리어
아득한 가을 길을 꿈인 양하여
홀로 갑니다
가을 들길을 그려 갑니다

겨울밤엔

춥고 긴 겨울밤에
잠들지 않는 눈망울은
밤하늘에 별들로 박혀
초롱초롱 그리움에 빛난다

창밖에 찬바람 부는 밤
이불 속에 파묻혀 눈을 감아도
밤은 하늘을 열고
초롱초롱 별떨기로 빛나는 밤

춥고 긴 겨울밤에는
꿈 아닌 꿈을 밤새도록 꾸다
새벽이 오는 것을 산 채로 깨어나시
겨울밤엔 그리움에 시달린다

칠월의 푸념

오디가 익을 철이면
왕보리 익어가는 울타리 안에
따가운 햇빛으로 무더워도
그늘진 감나무 밑을 돌아
오디를 따먹던 고향 그립소

감꽃이 지는 감나무 아래
파란 감들이 매달린 하늘
감가지 바라보며 구미 돋운
가을 감맛이 군침을 일깨워
올가을 노란 감이 탐스러우리

봄날은 곱더니 꽃들은 지고
등꽃이 늘그막에 피고 지더니
모란도 어느새 피고 지겠지
장독대 뒷자리 나지막한
앵두는 붉어서 익었겠구나

칠월의 옛집 울안에는
오만 것 영글어 지고 있어도
옛 기억의 먼 그리움
지금도 주인 없는 울안에서
푸념 같은 칠월이 익어갑니다

오월 어느 날

우거지는 수풀 새에
오월이 스며들면
여린 풀잎 뜯노라고
허기진 산노루가
눈빛이 빛나겠네

두견화 붉게 피고
풋보리 동 오르면
올해도 세간살이
넉넉히 차오르면
삼꽃이 핀 자리에
풋감을 매다는가

집 떠난 자식 오지 않는
허기진 어버이날이
실없이 스치며
가슴에 물들어 오는
오월만 덧없어라

봄으로 살자

누이야 우리
봄으로 살자
헐벗고 가난해도 봄으로 살자
봄 뜰에 지천으로 피어오를
봄을 캐는 봄날의 기쁨으로
누이야 우리 봄으로 살자

쑥을 캐는 봄날에
머위도 캐고
땅두릅 돌나물
냉이 씀바귀
된장에 무치고 국 끓이고
배가 차도록 봄을 먹고 살자

올봄엔 봄으로 하여
우리 몸속에 맥을 펴올려
봄을 돋운 봄기운으로
맑고 깨끗한 수혈이 되면
봄을 닮아 새순 나듯이
봄 사람 되어 봄으로 살자

달은 그 달인데

달은 그 달인데
아직껏 그 달인데
너만 가고 없어라
아득한 세월인 듯 외로워라

추석절 고운 옷 입고
달맞이 스산한데
이미 가고 없어라
너는 없어라

달은 그렇게 맑고 둥근데
아직껏 그 달로 고운 달인데
너는 가고 없어라
홀로 외로워라

살아지면

그래도 살아지면
사는 날까지
아름다운 노래로 즐겁도록
살다 가고픈 마음들로
기쁨의 나날
되게 하소서

봄날에 솟는 풀꽃처럼
아름다운 삶의 빛깔과
고운 인간의 향기들로
풍요롭고 너그러움에
우리 사는 세상
살아지소서

두고 떠나는 그날까지
나의 것으로 삼지 않고
물려줄 넉넉함으로
아름다운 삶을 남겨두고
조용히 물러서는
임종을 주소서

제2부 섬사람들

섬사람들

태고로 여기
갯바위에 몸부림치는
그리움이 파도로 부서진다

바다에 안겨
삶이 표백된
억척같은 바다의 사람들

보석처럼 달구인 몽돌인 양
술수를 모르는 어진 사람들이
기암절벽을 가슴에 담고
어제도 오늘도
바다를 헤치고 파도를 탄다

칠백 리 두른 바닷길에
익숙한 삶을 노래하며
한날에 넉넉함으로
구김 없이 살아가는
섬사람들

바람의 언덕

해금강을 뻗은 등성이
도장포에 몸 딛고 멎은 언덕
바람은 파도를 불러
언덕을 핥고 있었다

바람의 노략질에
민둥산의 언덕은
삭발의 염으로 바다의 몸 딛고
잠들지 못한다

아, 실없는 바람이여
파도로 밀려오는 거친 몸부림에
바람의 언덕은 잠들지 못하는가
솔개여 높이 떠라
갈매기도 덩덜아 날아오르라

바람 바람 바람
바람을 타라
우리네 삶이 실없는 바람에
나부낌같이
바람의 언덕은 잠들지 못한다

칠천도 찻집

바다가 호반으로
섬을 감싸 안고
종일을 뻐꾹새 소리에
졸음질하는 찻집

칠천교 건너 오른쪽으로
한 굽이 돌아나가면
낮은 산자락 딛고 앉은
반음올림 이름한 찻집

꼬불꼬불 돌아나간
아스팔트길 앞에 두고
언제나 만나고픈 그 사람
오도록 기다리는 찻집

모처럼 거기 거쳐 정담 나누고
아무라도 만나면 이야기들로
해 지는 줄 모르고 다정할
나지막한 찻집 두고 왔네라

슬픈 강이여

—6 · 25 60주년 회상

강이여
육십 년 세월 마르지 않는
눈물의 강이여
그날의 슬픔을 안고 흐르는
푸른 물길의 아픔을
아직도 깊이 품고 사는
낙동강 칠백 리 굽이마다
소리 없이 흐느끼는 긴 세월
이 땅에 젊은이의 원혼이
피맺힌 절규가 아직도 굽이쳐
푸르게 흐름을 품고 가는 물길을
뉘 달래어 오늘을 기억하리
강이여
슬픈 역사의 오늘을
푸른 가슴으로 품고 가는
푸른 강이여
칠백 리 낙동강이여!

신선대 연모

도장포 신선대에서
태고의 조형을 신비에 새겨본다
여기 살아서 신선이면
지금을 살아서 살고파라

세상 비늘 씻어내고
저기 내 신선의 영혼으로
옷 입혀라
하얀 파도로 부서지는 바위에
쉼 없이 밀리는 파도마냥
한사코 기기 신선으로 살고파라

해가 지고 달이 져도
별들로 넉넉할 우리네 교감
세월이 일고 진단들 무슨 상관이랴

바람으로 다스리는 파도 소리에
한세상 다 지워도 넉넉할 자리
파도를 벗하며
저기 살고파라

가조도 육교

섬에 다리를 걸치고
아스팔트 포장을 했으니
섬은 섬이 아니다
요정에 꾸려 앉은
가시내같이
교만하게 뽐내고 있다
나룻배는 어느새 거산해 가고
나루터에는 옛이야기로
물결로 출렁댄다
그 애들은 늙어 돌아오질 않고
옥수수 삶아 파는 아낙네는
얼굴들이 나시다
아직도 섬은 섬사람으로
살아가야 한다고
벌써 옥수수 솥이 길가에
즐비해 있다

거가대로

멀리 바라보니
아득하고
가교 설립이 장엄하여
수십 개의 교각이
바다에 뿌리박고
나란하다
상판이 몇 개 깔려
앞으로 이어질 대로를
열려 한다
세 개의 섬을 잇고
더런 물밑을
길을 열어 침매가
깔린다니
물속을 바다 위를
질주의 번거로움이
아련히 눈에 서린다
장엄한 역사의 긴 가교로
근대의 문물이 왕래할
혈맥이 되어
문화 창달의 대로가

열리는 그날
나는 그 시대의 번영을
눈으로 그려본다

진달래 유감

이 봄도 진달래꽃
연분홍 붉었어라
산허리 양지마다
흩인 듯이 스며 앉아
곱게 곱게 단장하여
설찬 듯이 피었어라

대금산 진달래꽃
산방산 꽃잔치며
노자산 꽃무리가
봄으로 화사할 때
거제야 산봉우리
진달래꽃 물들어라

진달래 붉은 꽃을
닮아 붉던 가시내들
꽃부침 부치려고
꽃을 따던 가시내들
지금은 할미꽃을
닮아 피고 있을란가

바다가 그립다

바다가 그립다
섬에 살면서
젊은 날의 그리움이
바다에 뒹굴고 싶다

먼바다로부터
쉼 없이 밀려오는
푸른 파도에
젊음을 내던지고 싶다

뜨거운 태양빛에
그을리는 육신을
바다에 담그고
정열의 불꽃을 노래하고 싶다

칠월의 바다에
눈이 부시도록
아름다운 노래를
바다에 띄우고 싶다

가을 산

곱게 물든 가을 산에
무덤덤한들 어떠하리
울긋불긋 노을빛이
저리도 고운 것을
바위며 나무들도
신선으로 앉아 있다

문동골 골짜기로
북병산 돌아드니
석양에 물든 단풍 빛에
비단 폭 두른 산사에는
천년을 잊고 하루같이 살고파라

가을산 가을빛에
산짐승으로 은거하여
차라리 산속에서
산처럼 살고파라

구 름

그것은
구름이다
바람을 타고 가는
구름이다
새털보다 가벼운
구름일레라
바람을 타고 가는
구름일레라
실없이 왔다간
허무한
날갯짓 하나
훨훨 날아간
구름일레라

자운에게

네 삶이 월광으로 은은하여
네 모습 무지갯빛 황홀함으로
늘 아름다움에 피어나는
향기로운 서기로 어려라

아! 삶이여 어찌 그리 어려우랴
가질 것이 없나니 전혀 없나니
고운 빛깔 하나 지녀 살다 가리니
무지갯빛 영롱한 구름일 것을

부디 네게 타일러 주고파
네 모습 네 빛깔 네 향기로
거기 네 삶을 흩뿌려
아름다운 자운慈雲으로 떠돌아라

잊어집디다

세월이 가면
잊어집디다
퇴색되고 바래지듯이
세월에 삭아
삭아집디다
못 견디게 아프고 서러워
몸부림쳐도
사노라면 차츰 잊어지고
희미하게 나부끼는 손짓 같아서
더런 가슴 아파도
차츰 세월로 잊어집디다
지금이사 외롭고 그리워도
모두가 잊어야 할 사연들로
병들고 아파하는 몸부림에
차마 견디기에 어렵겠지요
그대로 사노라면 잊어집디다
언젠가는 모두 잊고
잊고 가지요

해 후

잔디밭 벤치에
달 하나 띄워놓고
둘러앉아 도란거리는
여름밤이 깊어가고 있다

젊은 날의 화려한 이야기와
지금의 고달픔을 미화시키며
남은 삶은 꿈으로 행복하고파
서로가 서로의 가슴을 훔쳐본다

멀리 밤바다에로 그리움 띄워두고
밤이 제법 익숙하게 평온해질 때
돌아가야 할 우리의 길이
짙은 어둠으로 쌓이고 있다

아! 해후여 이렇듯 만나고 헤어질
또 하나의 서글픈 나눔이
밤을 헐고 길을 튼다
떠나려는 서글픔이 다가선다

스승의 날 회상

스승의 날 그 제자들은
커서 없어지고
어린 제자들의 모습만 남아
추억의 기억 속에 스멀거린다
늙은 스승의 눈물 속에
살아 오르는 천상의 아이들
서툰 솜씨로 곱게 소리 내던
교실의 노랫소리가
아련히 들려온다
아름다운 순진한 곡조가
천상의 꿈으로 퍼져 오르는
환희의 순간들
적은 어촌 학교에
그때 나의 삶이 살아 있었노라
아득한 추억으로 새로워지는
젊은 날의 행복이었노라

제자의 만남

언덕 위에 작은 집
꽃들이 피어
천상의 꿈을 꾸고
사랑하는 나의 제자
살고 있었네

회갑이 넘은 나이에도
어릴 적 모습으로 귀엽도록
천상의 꿈 이야기로 미소 짓는
옛적 이야기로 즐거웠네

석양에 물드는 언덕 위의 집
뒤에 두고 돌아오는 길목에서
놓칠세라 뚫어지게 바라보면서
꿈속의 모습마냥 새겨 왔네라

사사회沙師會

자주 만나서 좋은 사람들
얼마나 만남이 남았으랴
다시 만나고픈 그리움에
그 만남의 소망 하나로
하루하루 삶이 즐겁습니다

세상 사는 동안에 많은 것을
만나고 잃었습니다
잊어야 할 것들은 잊었어도
남은 만남이 소중합니다
늘 만남이 소망스럽습니다

한 터전에서 태어나
향토인 교육에 평생을 바쳐
그 생애 뒷자리에
남은 삶을 달래는 뜻있는 사람들
사사회 모임으로 즐겁습니다

어느 만남들에

—거제예총 친선 체육대회에서

나는 옛사람이 되어
지금을 사는 사람들을 만나
옛일을 더듬는다
아! 부질없음이여

저들은 새 시대의 옷을 입고
새 언어들로 지금을 즐기며
새 모습의 아름다움으로
그들의 삶을 치장하고 있었다

곱고 아름다운 것은
새롭게 살아가는 그들의
사랑과 기쁨으로 충만하고
지난 것은 가리워지고 있었다

삼락인三樂人

고만고만한 사람들
절이 삭아서 하얀 사람들
모두가 세상을 긍정하여
인생의 가치를 공출하고
가진 것 가지려 하지 않는
그들의 갈 길만 기다리는
삼락의 마지막
깃대를 들고 있다
그토록 빛나던 눈빛들이
추억의 꺼풀 속에 잠겨
잔잔한 미소로 유추하며
꽃다운 나이의 기쁨들이
생각의 건너편에서든 지금
배우고 가르치며 봉사하려는
가냘픈 마지막 소망 하나
그들의 가슴을 나부대고 있다

봄날에

지금쯤
구례 산수유 노랗게 피고
섬진강변 매화 날리는가
봄이 남도의 강물에
은빛 은어들로 눈부시고
강둑에 잔망스런 아이들이
나물 캐다 조우는 대낮에
아직도 설 깬 눈바람이
요망스럽게 치맛자락을
간들거리고
양지에 핀 할미꽃이
허리 펴기에 한창인 지금
기다리는 마음들이
아물거리는
안개구름 사이로
그리움이
시름시름
퍼져온다

제3부 내 영혼아

내 영혼아

깊어가는 가을
어디로 가서 내 너를 만나리
곱고 아름다운 가을빛에
취하고픈 내 영혼아
나도 너와 같이 물들고픈
가을빛에 젖어 들고파
저리로 가을 속을 떠나고 싶다
울긋불긋한 단풍 사이로
졸졸졸 흐르는 산골짝이
물길 따라 꽃향기 짙은
들국화 언덕을
산노루 마냥 쏘다니다가
바위틈 숲 속에 잠들어
밤하늘 별들의 이야기로
꿈꾸며 살고파 저리로 가리
짙어가는 가을 길을
내 영혼아 다그쳐 가자
기다리지 않을 가을의 정취가
잠시 스치고 갈 것을 알거든

한 마리 산새

한 마리 산새로도 산에 살거나
짝 잃은 겨울새로 산에 살거나
잎 진 가지 끝에 둥지도 없이
눈비 흩인대도 산에 살거나

양지쪽 햇살 퍼져 오르면
젖은 마음 따뜻하게 햇살을 품고
겨울 산 적막함에 곱게 사는
한 마리 산새로도 산에 살거나

가을 가고 겨울 가고 봄이 온단들
산은 산으로 변신하여도
짝 잃은 겨울새로 산에 살거나
눈비 흩인대도 산에 살거나

이대로 산에 살다 산으로 가리
잎 진 가지 끝에 둥지도 없이
갈잎 흩이는 낙엽 따라
산으로 살다 산으로 가리

겨울 번데기

겨울 번데기로
봄을 기다린다
아침 해가
봉창에 오르면
밝음으로 족하다
움츠리고 지나면
해가 지나니
긴 밤이 추워서
번데기로 살다가
모질게 사는
겨울 넘어
봄이 오면 허물 벗자
밤마다 찬바람 불어와
모질게 구는 시달림에도
겨울 번데기는
눈을 꼭 감고
봄을 기다리는
숨길을 연다

바 위

말이 없다
세월이 없다
시작도 끝도 없는
침묵의 덩어리

낮과 밤도 상관없는
영원한 죽음으로
영원을 살아 있는
침묵의 덩어리

바위려니
차라리 바위려니
침묵의 세월을
지키고 있는
바위로 살라

낙 엽

바람도 없는 뜨락
차가운 가을비에 젖어
소리 없이 지는 단풍잎을 본다
숙연한 저 침묵의 절연을
얼마로 겸손하여야
비명 없이 경련도 없이
저렇게 제 지체를
떨굴 수 있으랴
또 한 잎 속절없이 진다
아픔이여
가슴으로 저미는
벙어리의
아픔이여
봄으로 피어나던 곱던 잎새들로
여름을 노래하던 푸름에 기억
단풍으로 물들어 환생의 길로
다시 봄을 잉태하려
헐벗는 내연의
아름다운 변신이여.

억 새

가을 언덕 찬바람에
나부끼는 하얀 손짓
누를 불러 한사코
부르는 손짓인가

저녁노을 물들 때
하늘 닮아 애태운다
하느적하느적 지친 듯하여
대답 없는 언덕에 나부낌이여

어둠이 몰려와도 거기에서
밤새도록 홀로 부를 저 손짓
어느 영혼으로 환생하여
목마르게 불러보는 억새인가

학

가을 하늘 훨훨 나는
하얀 학이여
선비의 단조로운
그 모습은
가득 찬 가을
허공을 날며
채우지 않는 빈 가슴으로
훨훨 단신
수행의 기쁨인가
날짐승 가히 비겨
속단키 어려워
어느 전생의
고고한 영혼으로
말없이 홀로 날아
헤매이느냐
세상 산다는 이 허물
수치스러워
부러움에 날갯짓
하고 싶어라
가을 하늘 훨훨

날고 싶어라
한 마리 학이 되어
날고 싶어라

짜 증

별빛마저 지운
무더운 여름밤
눅눅한 잠자리엔
실없는 짜증이다

비 오다 그친 장마라서
속옷까지 칭칭 감기는
느닷없는 짜증이다

탓할 수 없는 주어진 삶을
누더기같이 둘러쓰고
형벌 아닌 형벌의 밤들을
죄인의 길인 양 밤을 지킨다

선고도 없는 무기수가 되어
산다는 구실로 매겨진
용서받지 못할 노여움으로
짜증스러운 죄수의 길
삶의 한정으로 가야 하는가

포로 된 마음

무게로 오는 짐 벗어버리고
마음의 날개를 단다
푸른 하늘 저리로 날고픈
지금의 이 발돋움

가벼이 가벼운 비상에
발 묶인 이 사슬은 또 무엇인가
놓아라 너와 나의 허물 같은
삶의 연유여 응보여

가려도 훌훌히 떠나려도
병든 죽지 마냥 펴이질 않는
여기 이대로 자지러질
삶의 업보여 무게여.

세월 · 1

조용하게 거동하는 창밖에
바람이 나뭇가지를 흔들고
어딘가로 흐르는 기류에
구름이 덧없이 가고 있는
이 소멸을 세월이라 합니까

쉼 없이 자라고 생성되는
침묵의 성장들이 늘어나고
일고 지는 허무의 몸짓들을
가슴으로 새기고 뿌리치는
거동들을 세월이라 합니까

이유 없이 실없는 것들로
소유하고 잃는 아픔들로
슬퍼하고 통곡하는 탄식들로
행위에 가득한 증오들로
견디는 애통을 세월이라 합니까

무슨 연유로 하여 이렇게
나의 세월로 가라 하심은
어느 저주의 가혹함으로
세월의 아픔을 누리게 하는
고통으로 세월이라 하였습니까.

세월 · 2

나의 세월의 비탈길을
허우적거리는 수레바퀴로
낡은 습성에 굴려 기 빠진
날수들을 집고 간다

낮이 가면 밤을 맞고
밤이 가면 낮에 드는
번갈아 드는 침묵에
살아 있음으로 오는 나의 길

쓸모없는 나의 것들로
소중하지 않는 나의 일상들
오늘도 해가 뜬다 그 자리에
오늘도 그 자리에 해를 보낸다

밤이 오면 그 밤일 것을
되돌아들 일상들로
낡은 습성들로 굴려
기진할 날수들을 집고 가리

세월 · 3

세월이 가네
안 가도 되겠건마는
실없이 가네
밤이면 피었다 지는
별떨기로
낮이면 뜨거운
햇살로 그저
말없이 일고 지는
서글픔으로
나도 가야 할 그날을
헤아려 세월만 가네
오늘도 그 하루
지루하도록
세월을 보내는 일로
나도 가는가
어디쯤 가야 머물
나의 세월아

좋소이다

좋소이다
가진 시련으로 조여와도
견딜 수 있어 좋소이다
아파도 아파도 목숨 하나
산 사람으로 세상에 살아
세상 사는 모양에 살 수 있음은
아직도 내 목숨 남은 탓으로
서럽고 힘들어도 사는 모양은
세상 사는 사람으로 살아갑니다
힘들고 고통스러워도 좋소이다
가진 시련으로 조여와도
견딜 수 있어 좋소이다

팔월로 가네

내 팔월로 가네
속절없이 가네
힘들고 고달픈 날들에도
이젠 팔월로 접어드네

꽃 피고 화사했던 그 봄날
아득한 세월로 바라보던
먼 고달픈 삶의 여정이던
그 팔월도 발아래 밟고 가네

녹음이 짙어진 여름 무더위
한풀 꺾이는 계절을 접고
알알이 영글어 맺어가는
결실로 바쁜 가을로 가네

삶의 덧없는 세월인가
늙고 병들어 쇠약해도
또 한 해가 다해 가니
남은 삶이 모자라지네

보름달

여름밤을
제 혼자서 둥실둥실
떠가는 보름달이
밤하늘에 가득한
몸짓이다

은빛으로 화려하여
화사한 나들인 양
너를 밤하늘에
제 혼자서 덩실거린다

허공에서
밤 깊도록
제 혼자 하늘 길에
눈부시게 화려하다
혼자 떠서 화려하다

여름밤을
제 혼자서
밤하늘을 주름잡고
눈부시게 화려하다
혼자로도 화려하다

가을 길

아름다운 가을 길을
노래하며 가자
가을꽃이 피어 있는 저리로
내 영혼아 춤추며 가자
가지가지 가을꽃이
곱게 핀 저리로
나비마냥 팔랑팔랑
춤추며 가자
붉고 흰 코스모스 꽃들에
스치는 가슴으로
마음에로 고운 물들어가며
들국화 구절초 꽃향기에
지긋이 눈감고 취하여 가며
그지없이 가고픈 저 들길을
내 영혼아 춤추며 가자

제4부 세상살이

세상살이

세상 사는 것이
즐거워도 한세상
괴로워도 한세상
살아가는 것입니다

잘살아도 그것이요
못살아도 그것이요
무덤 하나 지워 놓고
죽어지고 마는 것을

애 터지게 힘들도록
아끼고 모은다고
굶주리고 헐벗어도
모두 두고 가는 것을

사랑하고 소중한들
모두 홀로 떠날 것을
세상살이 그 모두가
그냥 홀로 떠납니다

봄이 진 자리

봄날이 가 버린
신록 사이로
붉어서 좋은 마냥
철쭉이 한창이다
잊어진 봄날이사
떠난 자리에
한껏 피어나는 그리움이
어느 꽃으로 피어오를까
봄날이 가버린
빈 창가에
산새 한 마리도
우짖지 않는다
철없이 맺은 정에
철없는 서러움아
어느새 피고 진 봄 뜰에
신록이 짙어지며
그늘만 드리운다

오 라

오라
내 손 닿는 곳으로
머뭇거리지 말고
내 가까이 심장의 고동
아직 살아 있으니

내 손을 잡으라
심장이 머물기 전
따뜻한 피 서로 흘려
가슴으로 적시게 하라
진실로 우리 사랑하는 사람아

아직도
내 손은 너를 향해
허공에 깃발처럼 나부끼어
그리움에 목메여
파닥거리는
몸부림에 부르노라

오라

내 손 닿는 곳으로

너는 와서

내 손을 잡으라

장밋빛 숨결

유월의 울타리엔
핏빛 장미가 피어
뜨거운 햇살에 마주치며
붉게 불타는 저 기세는
어느 사랑의 간절한
가슴의 불길인가

너를 보노라면
못다 한 가슴의
그리움 하나
다시금 살아나는
사랑의 숨결이여

다하지 못한 우리네 연분
꺼지지 않는 불씨로 남아
마지막 모닥불로 피어오를
가슴의 불씨로 피어나는
장밋빛 사랑의 그리움아

지워야지요

그리워 못 잊는 한세상은
사노라 사는 일이 매양
그리워 못 잊는 한세상인 것을
아무도 나눌 길 없습니다

지난밤 꿈속에 이뤄진 것은
저세상 일로 만난 것이면
꿈속에 살다 마나 지나 할 것을
꿈도 꿈이라서 허전합니다

그리워 못 잊는 한세상을
한세상 살아야 할 길이라면
그리움도 지우고 잊어야지요
못 잊어도 못 잊어도 지워야지요

가을 하늘

파란 하늘
구름 한 점 없어라
가을로 물드는 벌판 위로
한사코 너는 멀어져가는
그리움의 거리로 깊어 오나니
아! 거기 머물 수 없는 계절로
떠나야 하는 나의 그리움아
서늘한 기류는 들판을 거쳐
나의 가슴으로 파고드는
너의 숨결 같은 것
가까울 수 없어 아득히
푸른 가슴으로 가득하여라
가을로 물드는 들판 위로
풍요를 깔아놓고 떠나야 하는
그리움에 아득한 나의 사랑
파란 하늘
구름 한 점 없어라

벗이여

벗이여 그대
슬픈 눈빛을 거두게나
오늘 우리 만남이
다정한 것으로
행복하자
언제까지나
함께하지 못할 운명임을
우리는 타고난 것
잠시 우리 속삭이다
영원을 침묵하는 것
그러기에
우리 만나기에 그리운 것
가슴에 묻어둔
우리의 사랑 그것으로
우리의 만남으로 행복한 것

멀다

멀다 아득하다
너와 나 사이는
너무도 멀다
그리움은 더욱 멀어서
서러운 것
외로움에 시달리다
사라지는 것
홀로 떠나는 영혼들은
어디쯤 머물다
서로를 기다릴까
거기 만나서 행복할까
모두가 희미하다
살아갈수록
우리의 길이 멀다
너무나 멀다
그리움은 더욱 멀어서
서운한 것

별을 헵니다

그리운 이 그려두고
별을 헤고 삽니다
세월이사
밤을 새고 날이 샌단들
밤마다 별만 헤고
그리웁니다

얼마로 내 살아
살아진단들
이제는 그 날수도
소용없습니다
사는 날이 모두가
소용없습니다

밤이면 별들에서
들리는 이야기로
못다 들은 이야기로
밤을 헵니다
그것이 나의 전부가
되었습니다

달

녹슨 달이
엷은 구름을 둘러쓰고
밤하늘을 굴러간다
간밤에 떠난 여인같이
저 혼자 가는 아픔에
앞가슴 동이고
입술을 다물었다
쫓기는 듯 따르는 듯
서둘러서 홀로 간다
밤 깊은 하늘에서
저 혼자 서두른다
남창에 기대어
나도 따라 너로 간다
병든 가슴 하나
하늘에 굴려 놓고
너처럼 서러운
녹슨 달이 되어

참 새

생각이 끝없이
빠져드는 침묵의 뜨락
시멘트 바닥을
연약한 부리로 쫒고 있는
참새 한 마리가
심상찮다

파르르 날갯짓하다
먹이도 없는 바닥을
쫒고 쫒고 하여
다가오다 포르르 날고
날다 또 앉아
두리번거리다 입짓을 한다

어느 영감의 교감으로 하여
너로 와서 내 곁에 파고드는
간절한 사연은
못다 한 가슴의 응어리로 하여
작은 참새 한 마리의 몸짓이
이렇게 입짓으로 다가오느냐

하현달

밤마다 남창으로
찾아들던 둥근 달도
저도 못해 기웁니다
지난 세월 어느 하나
성한 것이 없는 듯이

마음으로 간절한들
마음 상할 뿐이라서
모든 것을 잊으려도
달 밝으면 밝아 오고
하현달로 기웁니다

상현달이 반갑더니
하현달로 애처로워
남창으로 저문 밤을
홀로 찾아 비추다가
새벽길로 가십니다

은행나무 밑에서

노란 은행잎이
하염없이 떨어진
나무 밑에 서서
수심 같은 이별의 상처
유추해온다

말없는 나무도
아름다운 이별을 가지듯이
나도 그대를 노란
은행잎으로 지운다
수없이 흩이는
사랑의 조각들

이렇듯 우리의 이별은
서글픔이 되고
헐벗은 가지 끝에 바람이 일듯
사정없이 찾아드는 이 겨울을
죽은 자의 모습으로 살아갑니다

그대 머문 자리

그대 머문 자리에
침묵이 쌓입니다
그대의 온기마저
빠져나가고
쓸쓸함으로 하여
차가운 자리
침묵은 고독으로
쌓여듭니다
그 자리에 홀로 앉아
당신의 모습을
그려봅니다
두 딸을 거느리고
기러기처럼 떠나간
정류장이 야속하고
원망스럽기에
눈을 감습니다
홀로 그대 머문 자리에
파묻혀 한없이 울고픈

이 설움은 그리움인지요
그대 머문 자리에
침묵만 쌓입니다

어찌하리야

나 어찌하리야
가을은 와서 저리 풍요로운데
너는 어디로 와서 찾아 우느냐
넉넉한 천지로 차고 넘치는데
우리의 사랑은 다시 피지 못하고
어느 하늘 아래에서
깨지 못하는 죽음에 잠들었느냐
이 풍요롭고 넉넉한 자리에
작은 씨알로도 행복한 지금
이렇게 우린 가난의 운명 앞에
헐벗고 고독해야 할 저주는
어느 천형의 무자비함인가
나 어찌하리야
가을은 와서 저리 풍요로운데
너는 어디로 와서 찾아 우느냐
우리의 그리움은
죽음에 잠들어 깨지 못하고
천형에 잠들었느냐

동짓밤

추운 겨울 동짓밤을
홀로 그려 긴긴 밤이
먼 데 님 그리워 더더욱 좋아라
밤이 길어서 더더욱 좋아라

동짓밤 긴긴밤을
곁에 두고 어루어서
따뜻하게 매만지면
더더욱 좋을 것을

밤이 길어 그리운가
추운 탓에 그리운가
홀로 새울 밤이라서
더더욱 그리움아

우리 님 먼 데 두고
동짓밤을 새웁니다
그리움에 한량없는
밤이 길어 좋은 것아

가을 길목에서

가을 길목에서
홀로 기다리는 모습으로
빈 가슴에 그리움만 풀어낸다
알알이 영글어 차오르며
가을꽃으로 곱게 피어
가을바람에 하늘거리는
아름다움에 서러워 오는 가슴
너는 어디에서 가을 길로도
오질 않는 그리움으로
빈 가슴으로 가을을 맞는가
해마다 봄이 오면
기다림에 들떠서
외롭고 힘들어도 견디고 사는
서러운 이 삶에 올가을에도
홀로 기다리는 빈 가슴에는
그리움만 풀어내게 하느냐

어찌하리오

어느새
너는 와서 매화로 피고
따뜻한 양지에 자리잡고
화사한 봄으로
꽃물결 이루는가
덩달아 벌름거리는
개나리며
수줍어 물들 연분홍이
겨울 산 강둑에
피어들어
새싹 새순으로
어우러지면
나는아 어찌하리
어찌하리오
어디로 그대 불러
봄이 온다는데
어찌하리오
진달래 곱게 피면
어찌하리오

운 명

어찌하리오
이대로 죽어간들
어찌하리오
소용없는 그리움을
그리다가
이대로 죽어지리다
가망없는 꿈을 꾼
탓이겠지요
다시는 그런 꿈도
버리렵니다
세상이 행복하면
그런대로 살다
가시구려
타고난 운명이면
제대로 살아야지
어찌산들
한세상 살다갈 것을
이제는 나의 운명
삼으렵니다

제5부 다 버리고 가리

다 버리고 가리

처음 시작 이전으로
깔끔히 마치고 돌아가자
흔적 없이 지워놓고
없는 듯 아니한 듯
본래대로 두고 가자

얻은 것 돌려주고
받을 것도 버려두고
마음에 새김인들
없는 듯이 지워 두자
다 버리고 가는 것을

가진다고 가져갈 것
내 것이라 가질 것이
어디 하나 있었던가
쓰다 두고 갈 것이지
소중한 것 있었던가

빈 하늘

빈 하늘이다
모두가 바람이다
흔적이란
구름 한 자락에
나부낀다
보면 볼수록
빈 하늘이다
빈 하늘에 나부끼는
바람의 흔적들
모두가 한 점 구름에
흔들리는
허무한 흔적들만
빈 하늘에
가득하다

헛수고

서로 경계하지 않아도
멀어지는 것은
세월의 허물을 벗는 것
애 터지게 가까이
하려 하지 말자
시나브로 떠나는 것은
차츰 상관없는 것으로
가벼워질 때
다한 삶인 것을 깨달아야지
그것은 참으로
풀에 꽃과 같고
풀잎에 맺은 이슬이다
회칠한 무덤처럼
헛수고인 것을
미련을 두지 말자
선한 행위의 마음 하나
즐거움으로
간직하는 것이다

잊어지는 것

잊어버리자
세월이 가면
잊어지겠지
설사 못 잊는다 해도
모두는 잊어지는 것
나도 너에게로 잊어지고
너도 나에게로 잊어져서
세월의 한 구간을
지우고 가는 것
참고 견디노라면
힘들고 고통스러워도
세월의 저편에
기억으로 남고
시나브로 잊어지고
잊어지는 것

떠나는 것들

무시로
떠나가는 것들에 쌓여
오늘도 저리로 간다
오고 가는 것들
있다 없고
없다 있는 것들
만나고 헤어지고
헤어졌다 만나는 것들
바람이다 햇살이다
지고 일고 일고 지는
그것이 세월이다
왜 세월을 무심타하랴
지고 이는 것이
무상하다 하랴
그것이 세월이고
그것이 이유이자
그것이
떠나는 것들의
본성이다

그리움의 허무

나 어디 너를 불러보리
바람에 흔들리는
나뭇잎처럼
모두가 실없이
나부끼어라

나 어디 너를 손짓하리
허공에 떠도는
구름처럼
모두가 실없는
몸짓이어라

오늘도 어제도 그렇게
불러서 불러서 애타듯이
허무한 기다림의 몸짓이 되어
한 점 구름으로
바람을 타는
삶은 그렇게 허무한 것을,

어디를 불러야

어디를 불러야
이 부름 닿으리오
어느 곳을 바라보아야
보고픈 이를 보오리오
사방 모두가 허공이오
사방 모두가 부재부재
헛 산 탓이 아닙니다
젊고 아름답던 시절
부족함 없이 즐기던 삶
세월의 물결에 허물어지고
지금 폐허 같은 허공에
나약하고 쇠잔한 육신으로
붙들고픈 어느 위탁에
간절한 그리움으로
당신의 자리를 더듬습니다
고달픈 지금을 견디기 힘들어
폐허의 지대에서 더듬습니다

상 념

몹시도 그리워지는 지금
목마른 창가에로
밤낮이 갈아드는 곳에
메마른 영혼이 걸려 있다

이제는 네가 온단들
큰 기쁨도 아니려니와
어설픈 이 고독에도
큰 고통이 아닌 지금
행복한 추억을 그리는 거다

버려진 삶의 자투리에
서글픈 우리네 삶의 허무를
탄식 같은 후회도 아닌 지금
실없는 인연을 쌓고 허문다

침 묵

남아 있는 것은
침묵이다
부활을 위하여
머문 죽음에서
삶을 유추하여
자성의 침묵이다
지금이 참으로 평화롭다
이것이 행복인가 하여
침묵에 몰입한다
그것들은 다 떠났다
남은 것이라곤
나의 사유
나의 육신
나의 행위
나를 떠날 수 없는
운명의 소치들
나의 것으로
침묵한다

갈 길

가네 가네 모두가 가네
머물지 못해 가는 것이여
가고 또 온다고 가는 것이여
가고 아주 못 온다고 가는 것이여

봄 가고 여름이 가려 합니다
가을이 온단들 겨울이겠지요
해마다 되새겨 생성과 소멸
연달아 일고 지는 꿈을 꿉니다

곱고 아름답던 젊은 날들
어느새 늙고 병들어가며
세상 그늘에 숨어듭니다
가야 할 갈 길을 숨어듭니다

오 늘

오늘도 나
빈 대합실에
오질 않을 사람을
기다리고
사각 표 없는 시간을
어림잡아
어제처럼 해를 지우려
무료하지 않을
정지된 시계를 보며
필요없는 숫자판에
과녁처럼
마음의 시간을
던져두고
맞는 대로 오늘을
짐작하리

눈 물

말이라도 하고 살자
들어줄 사람 없어
혼자 미친 듯이
구시렁거리다가
다시 굳어지는
가슴으로
한 줄기 눈물로
타고 흐르는
뜨거운 설움을
너는 아느냐
말을 나누어서
덜어내는 설움이면
눈물이나 거둘 것을
너도 울어 봤느냐
말없이 흐르는
뜨거운 눈물을
밤낮없이
너도 울어 봤느냐

나, 가네

나, 가네
또 사월로
아니 가려도 가는 것을
어디까지고 기약 없이
아무도 기다리지 않는 곳을
길도 아닌 길을 나, 가네
사월이 가면 오월이 올 것을
나는 아네
그것들의 순서가 되곱쳐
어디선가 내가 놓칠
세월의 끄나풀에
가냘프게 매달려
나, 가네
또 사월로
사월이 지나면
오월이 올 것을
내가 아네

우두커니

거기
우두커니 서 있었다
어느 그림자도 없는
길바닥에
휑하니 뚫린 빈 거리
허무를 기다리는
일상의 습성이 되어
거기 우두커니
서 있었다

멍텅구리가 되어
이방인의 모습으로
언어를 잃고
삶의 의미마저
상실한 채
슬픔을 잃고
고독의 천성이 되어
거기 동그마니
오늘도 서 있었다

봄이 가듯이

봄이 가듯이 꽃이 지듯이
세월인 듯하여라
기쁨도 슬픔도 부질없이
세월인 듯하여라
삶도 죽음도 덧없음이여
그대 우리의 사랑도
허무한 것이어라

아! 어찌하여
우리는 태어나서
허무에 시달리고
덧없는 것으로 애타게
실없이 헤매고 고독과
슬픔에 한탄하였던가

봄이 가듯이 꽃이 지듯이
세월로 지우는
순례의 기류에 휩싸여가는
낙엽이어라
흙으로 왔다 흙으로
가는 것이여!

병든 마음

외칠 수도 없어서
가슴 다문다
노여울 수 없어서
입술을 깨문다
말할 수 없어라
어디로도
말할 수 없어라
썩도록 묶은 가슴
썩어지도록
홀로 앓고 가노라
죽어도 홀로 앓고 가노라
어디 세상 안다더니
누가 알아주겠느냐
죽어도
말 못 하는 이 가슴
외칠 수도 없어서
가슴 다문다

허무의 실상

창밖에선
또 봄이 스치운다
지나갈 계절들이
되돌아와 스쳐갈
실없는 일상의
창밖에선
오늘도 그 태양은
빗발쳐 와
어둠을 씻어낸다
보이는 것은
보이지 않는 것을
그대로 둔 채
생각의 눈으로
바라보라 한다
있어야 할 그것들이
바람처럼 스친다
삶도 사랑도 꿈같이
허공에 일다 지는
허무의 실상들

기 도

내 기도는
긴 밤의 침묵
허무의 늪에서
묻어버린 욕망을 다독이고
고독한 영혼 하나
건져내는 일
그리하여
깨끗하게 새로운
삶의 옷을 입는 일
아름다움이 없는 것에
하얀 흔적으로
바람처럼 스치는
자연으로 승화하는
있고 없듯이 없고 있듯이
조용히 비쳐드는 빛이듯이
그 큰 품에 스며지는 것
내 기도는
긴 밤의 침묵인 것

나의 길

있어도 아닐레라
없음보다 더한
허무한 길일레라

잘못된 것인 줄 알면서도
돌이킬 것이 못 되어라
차라리 못 맺음이
다행할 일인데도
그릇된 운명 고쳐가지 못하노라

이대로 가야 하네
되곱쳐 갈 수 없어
놓인 길 즐겨 받아
가야 할 길 가렵니다

한번 스친 길이
나의 길로 삼으시고
서러워도 그 길이요
외로워도 그 길일레라

밤이 좋아라

홀로 살 바에야
밤이 좋아라
인적 없는 그믐밤이
더욱 좋아라
정다움에 걸어가는
그 모습들이
운명으로 지어진
얄궂음은
홀로 지내기에
겨운 날들
홀로 살 바에야
밤이 좋아라
밤하늘 반짝이는
뭇별들에도
더더욱 그리움이
서려 있어
구름 낀 밤이
더욱 좋아라
고독한 침실에
홀로 지내기엔
밤이 좋아라

죽은 듯이

죽은 듯이
사는 거다
흙에 뿌리 딛고
바위처럼 사는 거다
겨울나무가 몸 뿌리박고
헐벗은 가지 허공에 뻗어
바랄 것이 없이 사는
죽은 듯이 사는 거다
세상 인연 무너지고
훨훨 홀로 사는
홀아비로 사는 거다
죽은 듯이 살다
죽어가는 거다
겨울나무가 되어
봄으로 기다린들
죽은 듯이
살다가는 거다

전 등

고요를 두르고
불 하나 밝혀놓고
홀로 지키기에
겨울밤은 너무 길어
잔인합니다

얼마로 나 지켜야
이 삶이 끝납니까
형벌의 날수라면
헤아리소서
이 밤을 접어두렵니다

운명도 운명이려니
허다한 운명처럼
세상 한 번 즐기고 살
홀로 밝은 불빛이
애처롭습니다

산 흉내

가고 오는 사람들이
산 사람들이다
살아 있다는 것이
움직이는 것으로 보이는 눈에는
가고 오는 것으로 살아 있다

못 산 것은 그냥 있다
누워 있든 앉아 있든
산에 있든 들에 있든
집에 방 안에 있든
그냥 있는 것은 죽은 것이다

오늘도 나 그냥 앉아
하늘만 바라본다
산송장이 되어
눈만 껌뻑거리는 꼴이
아직도 산 흉내만 내고 있다

산다는 것

사는 일이 그렇듯이
욕심껏 된답디까
물 흐르듯이 구름 가듯이
바람에 나부끼는 몸짓이듯이
그렇게 따르듯이 살아지이다

서럽고 외로울 때
눈물 한 줌 흘려두고
강물에 실려가는 나뭇잎 되어
갈대로 가는 길로 편안하리라
하늘이 버린다면 버려지소서

누린단들 어디 영화입디까
얼마로 산단들 그냥 갈 것을
빈 마음 채운단들 소용없을
우리네 연분 그 모두를
두고두고 가시는 바람 되소서

떠나려는 마음

떠나려는 마음은
저 먼저 바람을 탄다
혼자 머무느니
바람을 탄다
바람을 따라 나부끼어
깃발처럼 퍼덕인다
정처없이 가는 길도
즐거운 양
떠나려는 마음은
저 먼저 깃발을 탄다
서럽고 외로워도
더러는 달랠 순 있어
떠나려는 마음은
저 먼저 바람을 탄다

눈을 감자

견디기 힘들 때
눈을 감는다
어둠 속으로 아련히 떠오르는
밝은 얼굴이 있다
그리움에 목마름을 적셔주는
아름다운 얼굴이 있다

견디기 힘들 때
눈을 감는다
고뇌의 세상이 기리어진 곳에
마음의 안식이 스며 있다
어렵고 힘든 세상일이
조용히 가시는 안식이 있다

견디기 힘들 때
눈을 감자
세상을 지우고 떠올리는
아름다운 삶을 위하여
눈을 감고 그리워하자
세상 저편에 있는 행복을 위하여

있고 없음은

어찌 나를 다스리랴
나는 내가 아니었노라
있고 없음은 부질없는 일
있음은 있음으로 있었느니라

병들고 힘들어도 견디는 것은
있음으로 오는 고통인 것
모두가 소멸되고 없을지라도
내가 있고 없음이 나니로다

언젠가부터 시작되었고
언젠가 끝날 것이 아니라서
그저 있고 없음이오
없고 있음이 아니로다

내가 소유하지 아니하고
내가 상실하지 아니하니
모든 것이 공유 공생의 기운이니
있음은 있음으로 있었느니라

가 네

가네 가네
멀어져 가네
네가 가느냐
내가 가는 것인가
세월이 가는 것으로
서로가 멀어져 가네
어느 사이 몰래
거리로 하여
멀어진 것아
우리들의 만남이
그런 것이었네
세상에 이뤄진
우리들의 만남이
모두가 그런 것이었네
서럽고 그립도록
두고 가는 그리움아
가네 가네
멀어져 가네

가 리

내 가리
하늘나라로 가리
어머니 가 계신 곳
하나님 준비하신 나라
천국의 평화
영생의 나라
선민에게 이르신 낙원에
내 춤추고 가리
하늘로 가리
세상 사는 동안 입은 고초
세상 사는 동안 얻은 명예
허영의 사슬 끊어버리고
거짓의 의상 벗어버리고
참 자유 한 영혼으로
하늘로 가리
하나님 준비하신
나라로 가리

■ 평설

지상을 떠나면서 남긴 마지막 시의 숨결

남송우 (문학평론가)

원신상

모든 것이 잠든 밤에 밤을 지키는 불침번이 된 별처럼 잠들지 않는 살아 있는 별이 되기를 소망한다. 이는 천상의 별처럼 아름답게 살고자 하는 시인의 순수의식의 표상이며, 지상을 떠나 천상으로 나아가는 과정의 상징물이다. 땅의 사람이 하늘의 별로 환치되고 있다. 그가 별이 되기를 그토록 노래했듯이 이제 시인은 이 땅에서 찾아볼 수 없는 천상의 별로 그 존재를 드러내고 있을 뿐이다.

■ **평설**

지상을 떠나면서 남긴 마지막 시의 숨결

남송우 (문학평론가)

원신상 시인의 유고 시편들을 읽으면서, 많은 것들을 생각했다. 외롭게 만년을 보내었던 그에게 있어, 유일한 낙은 평생을 함께해 온 시와의 동행이었다는 점, 가야 할 길이 어딘지를 분명히 예감하고, 그 길을 준비하는 나날이 시로 정리되었다는 점, 그리고 그에게는 신앙의 힘이 있어 고통 중에도 마음의 평안을 간직할 수 있었다는 점 등이 시에서 확인되는 그의 삶의 한 자락이었다. 시인도 보통 사람들처럼 한 인간으로서의 생애를 살아간다. 그래서 삶을 마감하는 죽음이란 누구에게나 공평하게 다가온다. 시인에게 다른 점이 있다면, 그 죽음을 남들보다는 조금 더 민감하게 예감하고, 시로써 노래할 수 있다는 점이다. 이 점이 시인과 일

반인을 변별할 수 있는 지점이다. 그러면 원신상 시인은 만년에 죽음을 앞두고 어떠한 상념에 젖어들고 있었는지를 그가 남긴 유고 시편들을 중심으로 살펴보고자 한다.

원신상 시인은 유고 시편으로 많은 시편을 남겼지만, 우선은 많은 시편에서 떠남의 이미지를 보여주고 있다. 이미 지상을 떠나야 할 시간이 가까워져 왔다는 인식이 이러한 노래를 부르게 한 것으로 보인다.

가네 가네
멀어져 가네
네가 가느냐
내가 가는 것인가
세월이 가는 것으로
서로가 멀어져 가네
어느 사이 몰래
거리로 하여
멀어진 것아
우리들의 만남이
그런 것이었네
세상에 이뤄진
우리들의 만남이
모두가 그런 것이었네

서럽고 그립도록

두고 가는 그리움아

가네 가네

멀어져 가네

—〈가네〉

인간이 만년을 맞는다는 것의 의미는 여러 상황으로 설명이 가능하다. 그중 현저하게 나타나는 현상의 하나는 그 동안 함께했던 사람들과의 만남이 힘들어진다는 것이다. 지금껏 만났던 뭇사람들과의 관계가 현저히 엷어져 가기 때문이다. 젊어서 만났던 수없이 많은 사람들이 나이 들면, 하나 둘 관계가 멀어져가면서, 결국은 혼자 남게 되는 형국에 이른다. 이는 위 시에 나타난 '네' 나 '내' 때문이 아니라, 세월이 그렇게 만드는 것이다. 인간의 만남은 한동안은 거리를 느낄 사이도 없이 밀도 있게 지속되나, 세월의 흐름은 이러한 만남을 허물어 간다. 항상 같이 가까이 있었던 자들이 만나기 힘든 먼 공간으로 떠나기도 하고, 어떤 경우에는 아예 지상을 떠나는 일도 비일비재하다. 그래서 결국은 다 멀어져 가고, 그 이후로 남겨지는 것은 떠나간 사람에 대한 그리움이다. 이 시가 이러한 사람살이에서 누구나 경험하는 이별의 정서를 노래하고 있다면, 다음의 시는 시인 자신의 입장을 그대로 드러내주고 있다.

나, 가네
또 사월로
아니 가려도 가는 것을
어디까지고 기약 없이
아무도 기다리지 않는 곳을
길도 아닌 길을 나, 가네
사월이 가면 오월이 올 것을
나는 아네
그것들의 순서가 되곱쳐
어디선가 내가 놓칠
세월의 끄나풀에
가냘프게 매달려
나, 가네
또 사월로
사월이 지나면
오월이 올 것을
내가 아네

―〈나, 가네〉

이 시에서 간다는 의미는 단순히 나아가는 행동을 의미하지는 않는다. 세월의 흐름 따라가야 하는 인생살이를 표상한다. 시인의 의지와는 무관하게 사월로 가고, 사월이 가면 오월이 올 것을 안다. 여기서 사월과 오월 사이는 단순히 시간상의 월력만을 가르키는 것은 아니다. 사월의 경계를 넘어 오월로 넘어간다는 것은 또 다른 세계로의 진입을 상징하기도 한다. 여기서 시간의 흐름을 통해서 내가 가야 할 곳을 예감하는 시인의 삶의 자태를 엿볼 수 있다. 자연의 순차적 흐름 속에 나타나는 내가 가야 할 시간의식은 사월과 오월이라는 달의 단위에서 계절의 단위로 바뀌고 있다.

가네 가네 모두가 가네
머물지 못해 가는 것이여
가고 또 온다고 가는 것이여
가고 아주 못 온다고 가는 것이여

봄 가고 여름이 가려 합니다
가을이 온단들 겨울이겠지요
해마다 되새겨 생성과 소멸
연달아 일고 지는 꿈을 꿉니다

곱고 아름답던 젊은 날들
어느새 늙고 병들어가며
세상 그늘에 숨어듭니다
가야 할 갈 길을 숨어듭니다

—〈갈 길〉

계절이 바뀌면서 해가 바뀌고, 해가 바뀌면서 인생은 늙어간다. 시인은 이제 곱고 아름답던 젊은 날들을 뒤로하고, 어느새 늙고 병들어 있는 모습으로 바뀌어 있다. 그리고 이제 마지막 가야 할 길에 당도한 모습을 보여준다. 시인이 가야할 길에 숨어드는 행위는 그 길을 가지 않으려고 몸부림치는 형상이 아니라, 자연스럽게 받아들이고 있는 장면이다. 가야 할 길, 그 길은 바로 지상을 떠나는 길이다. 그런데 이 길은 무시로 언제나 지상에서 연출되는 장면이므로 가야 하는 길, 떠나야 하는 길 자체를 이상하게 여기지 않는다. 그동안의 삶 속에서 무수히 지켜보았고, 인생 모두는 이 길을 따라가야 하는 숙명을 지니고 태어났음을 남달리 인식했기 때문이다.

무시로
떠나가는 것들에 쌓여
오늘도 저리로 간다
오고 가는 것들
있다 없고
없다 있는 것들
만나고 헤어지고
헤어졌다 만나는 것들
바람이다 햇살이다

지고 일고 일고 지는
그것이 세월이다
왜 세월을 무심타 하랴
지고 이는 것이
무상하다 하랴
그것이 세월이고
그것이 이유이자
그것이
떠나는 것들의
본성이다

—〈떠나는 것들〉

결국 떠나야 하는 운명을 지니고 태어난 인생이기에 만나고 헤어지고, 오고 가는 것들의 연속인 인생살이를 원망할 수 없음을 넌지시 암시해주고 있다. 이러한 현상을 바람과 햇살에 비유하고 있는 것은 그것 자체가 자연스러운 현상 즉 자연 자체임을 인식하게 한다. 그래서 그것을 불평하거나 거부할 수 없는 것이 인생이며, 그 자체가 인생살이의 본연임을 노래하고 있다. 이런 떠남에 대한 본질적인 인식은 시인으로 하여금 가는 자의 자세를 다음과 같이 노래하게 한다.

처음 시작 이전으로
깔끔히 마치고 돌아가자
흔적 없이 지워놓고
없는 듯 아니한 듯
본래대로 두고 가자

얻은 것 돌려주고
받을 것도 버려두고
마음에 새김인들
없는 듯이 지워 두자
다 버리고 가는 것을

가진다고 가져갈 것
내 것이라 가질 것이
어디 하나 있었던가
쓰다 두고 갈 것이지
소중한 것 있었던가

—〈다 버리고 가리〉

인생이 이 땅을 떠나는 마당에 가지고 갈 것은 없음을 노래하고 있다. 가는 자는 자신이 소유했던 모든 것을 다 두고 가야 하는 운명임을 철저히 인식하고 있다. 내 것이라 가질 것이 어디 하나 있었던지를 돌아보며, 다 버리고 가야함을 자연스럽게 고백하고 있다. 그러므로 시인은 이렇게 빈손으로 왔다가 빈손으로 가는 인생의 삶에 대한 허무를 경험하지 않을 수 없다. 이는 모든 인생들이 다 경험하고 가야할 숙명임을 어찌할 수가 없다.

봄이 가듯이 꽃이 지듯이
세월인 듯하여라
기쁨도 슬픔도 부질없이
세월인 듯하여라
삶도 죽음도 덧없음이여
그대 우리의 사랑도
허무한 것이어라

아! 어찌하여
우리는 태어나서
허무에 시달리고
덧없는 것으로 애타게
실없이 헤매고 고독과
슬픔에 한탄하였던가

봄이 가듯이 꽃이 지듯이
세월로 지우는
순례의 기류에 휩싸여가는
낙엽이어라
흙으로 왔다 흙으로
가는 것이여!

—〈봄이 가듯이〉

허무에 시달리고, 덧없는 것으로 애타게 실없이 헤매고, 고독과 슬픔에 한탄해온 지나온 세월을 돌아보고 있다. 돌아본 결과 내린 결론은, 결국은 인생이 흙으로 왔다가 흙으로 가는 것임을 어찌할 수 없음을 노래한다. 봄이 가듯 꽃이 지듯 인생 역시 세월 따라가야 한다는 것이다. 그런데 지금까지 시인은 가야 하는, 이 땅을 떠나야 하는 운명의 인생임을 쉼없이 노래하면서, 그 가는 곳이 어디인지를 밝히지는 않았다. 다음 시에서는 그곳을 분명히 노래하고 있다는 점에서, 그 영혼의 노래가 어디로부터 비롯되고 있는지를 알 수 있다.

내 가리
하늘나라로 가리
어머니 가 계신 곳

하나님 준비하신 나라
천국의 평화
영생의 나라
선민에게 이르신 낙원에
내 춤추고 가리
하늘로 가리
세상 사는 동안 입은 고초
세상 사는 동안 얻은 명예
허영의 사슬 끊어버리고
거짓의 의상 벗어버리고
참 자유 한 영혼으로
하늘로 가리
하나님 준비하신
나라로 가리

—〈가리〉

시인이 이 땅을 떠나 가고자 하는 곳은 하나님이 준비하신 영생의 나라이다. 이러한 천국에 대한 소망은 시인이 가진 신앙에 토대를 두고 있는 것이지만, 시인이 모든 것을 다 버리고 미련 없이 훌훌 떠날 수 있는 이유이기도 하다. 이 땅에서 사는 동안 소유했던 모든 것을 다 벗어버리고 춤추며 하늘나라로 갈 수 있는 것은 그곳이 이 땅보다 더 좋으리라는 기대 때문이기도 하다. 그러므로 이 땅을 살면서도 힘든 순간에는 세상 저편에 있는 행복을 떠올리고 있다.

견디기 힘들 때
눈을 감는다
어둠 속으로 아련히 떠오르는
밝은 얼굴이 있다
그리움에 목마름을 적셔주는
아름다운 얼굴이 있다

견디기 힘들 때
눈을 감는다
고뇌의 세상이 기리어진 곳에
마음의 안식이 스며 있다
어렵고 힘든 세상일이
조용히 가시는 안식이 있다

견디기 힘들 때
눈을 감자
세상을 지우고 떠올리는
아름다운 삶을 위하여
눈을 감고 그리워하자

세상 저편에 있는 행복을 위하여

—〈눈을 감자〉

이 땅의 삶이 견디기 힘들 때마다, 시인은 눈을 감는다. 눈을 감는다는 행위는 이 땅을 외면한다는 것을 의미하면서, 이 세상이 아닌 저세상을 생각한다는 것이다. 눈을 감으면 밝은 얼굴이 떠오르고, 마음의 안식이 있으며, 이 세상을 지우고 아름다운 삶을 떠올릴 수 있기 때문이다. 이렇게 시인의 삶이 이 세상보다는 저세상의 삶을 희구하고 있기에 시인의 사유의 공간은 땅보다는 하늘 쪽으로 많이 기울어져 있는 것을 볼 수 있다.

아득히 먼 하늘
흰 구름 흘러가는 곳
하얀 목화송이
구름꽃 피어가네
가는 곳 어디메뇨
푸른 하늘 건너서
우리 모두 만나고픈
옛 얼굴 뵈올까
영생복락 누리는
거기가 저긴가

흰 구름 흘러가는 곳
이 마음 따라가네
아름다울 우리네 삶
거기가 행복하리라
아득한 먼 하늘
흰 구름 흘러가는 곳

—〈흰 구름 흘러가는 곳〉

시인의 시선은 먼 하늘을 향하고, 그곳에 흐르는 흰구름에 초점이 가닿는다. 그리고 그 구름이 흘러가 닿는 곳에 관심한다. 그곳이 영생복락을 누릴 천국일까를 생각하며, 그곳의 행복한 삶을 떠올리고 있다. 이 땅의 삶이 힘들고 고통스럽지만, 그곳에는 고통이 없으리란 믿음 때문이다. 시인의 이러한 천상지향적인 삶의 자세는 이 땅에 사는 자신이 별을 헤고 사는 삶을 노래하고 있다.

그리운 이 그려두고
별을 헤고 삽니다
세월이사
밤을 새고 날이 샌단들
밤마다 별만 헤고
그리웁니다

얼마로 내 살아
살아진단들
이제는 그 날수도
소용없습니다
사는 날이 모두가
소용없습니다

밤이면 별들에서
들리는 이야기로
못다 들은 이야기로
밤을 헵니다
그것이 나의 전부가
되었습니다

—〈별을 헵니다〉

밤마다 별만 헤고 살아가는 시인의 모습을 접하게 된다. 지상에서의 삶이 이제는 소용이 없다고 생각하기 때문이다. 별들의 이야기로 밤을 지새는 삶의 의미는 무엇일까? 천상의 언어를 주고받는 삶을 말한다. 별들과 말을 주고받는 것으로 시간을 보내는 지상의 시간이란, 이미 지상의 모든 것을 다 버린 상태에서만 가능한 정신적 사유이다. 별을 헤며 별과 말을 주고받던 시인은 결국 자신이 별이 되는 지경에 이르고 만다.

모든 것이 정지된 지금
밤하늘의 별들만
잠들지 않는다
고요하고 평화스러운
침묵의 정숙함에
정결한 밤으로 아름답다
나도 살아 있는 별이 되어
밤을 지키는 불침번이다
살아 있는 날까지
기다려야 하는 그리움 하나
가슴에 새긴 별이 되어
지상에 핀 별이려니
잠들지 않으려나 보다
모든 것이 정지된 지금
나도 별이 되어
잠들지 않는다

—〈나도 별이 되어〉

천상지향적인 삶의 자세는 결국 시인 자신이 지상에 핀 별이기를 원한다. 모든 것이 잠든 밤에 밤을 지키는 불침번이 된 별처럼 잠들지 않는 살아 있는 별이 되기를 소망한다. 이는 천상의 별처럼 아름답게 살고자 하는 시인의 순수의식의 표상이며, 지상을 떠나 천상으로 나아가는 과정의 상징물이다. 땅의 사람이 하늘의 별로 환치되고 있다. 그가 별이 되기를 그토록 노래했듯이 이제 시인은 이 땅에서 찾아볼 수 없는 천상의 별로 그 존재를 드러내고 있을 뿐이다.

만년에 지병과 함께 외로움을 견디며, 시와 동행했던 원신상 시인, 그는 떠나야 하는 것이 인생임을 그토록 노래했고, 그가 노래했던 천국으로 떠났다. 그곳이 돌아가야 할 본향임을 자각하고 있었기에 그의 육신은 고통 중에 있었지만, 그 영혼은 즐겁게 노래하고 춤추며 그 길을 갔다. 그 노래에서 우리가 확인할 수 있는 것은 그가 남긴 유고에서 발견하는 한 자유로운 영혼의 순수성이다. 그 순수성은 정결한 밤을 지키는 별이 되어 빛나고 있다.

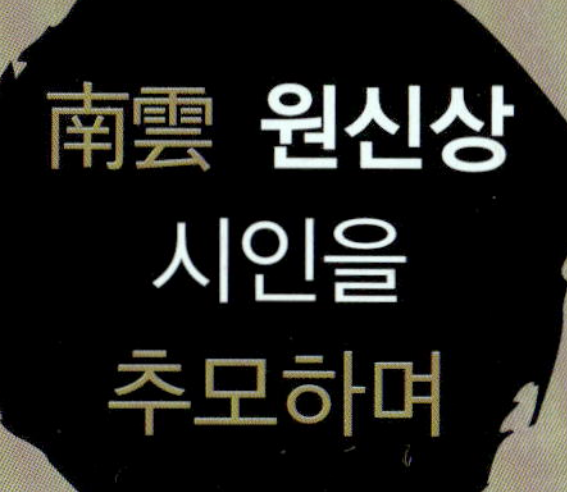
南雲 원신상
시인을
추모하며

향나무 밑에 앉아
(일성 계룡빌라 경비실 앞)

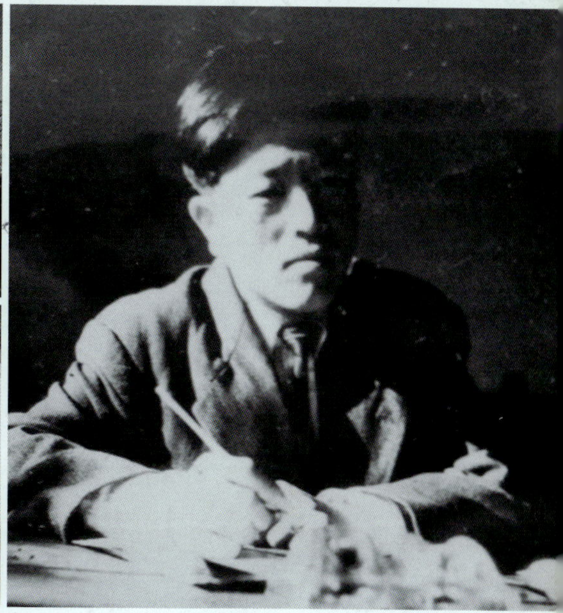

청년시절

교사로 재직하던 시절의
원신상 시인의 청년기

아내와 함께 ▼

남운 원신상 시선집 《빈집》 출판기념회

2010년 8월 27일 웨딩블랑 2층 그랜드홀

1 원신상 시인
2 남송우 부경대 교수, 강희근 경상대 교수와 함께
3 서한숙 수필가, 박영숙 화백과 함께
4 김영준 前 거제교육장, 남송우 평론가, 강희근 시인, 윤일광 아동문학가 등
5 (사)한국예총 거제지회 박영숙 지회장
6 김화순 前 거제시 주민생활국장

7 원순련 前 한국문협 거제지부장
8 능곡 이성보 시조시인
9 중진서예가 김여필, 이정열, 김인숙 선생 등과 함께
10 행사 참가자들과 함께
11 딸, 외손녀, 아들 내외와 함께
12 이정열 서예가와 함께
13 제자들과 함께
14 참석한 예술인들

15 유고시집 표지화 구자옥 화백과 함께
16 새거제신문 최대윤 기자
17 김영준 前 거제교육장

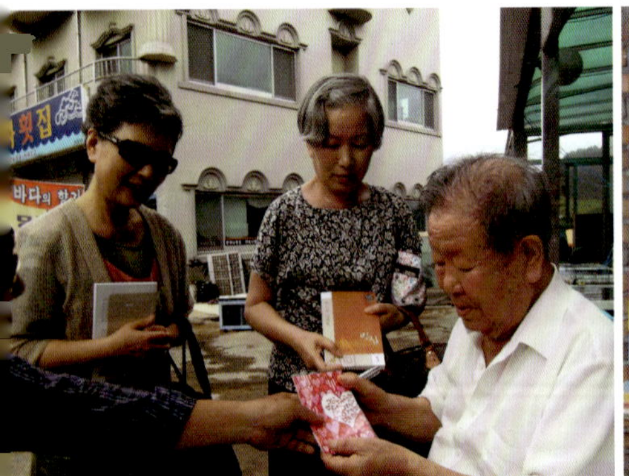

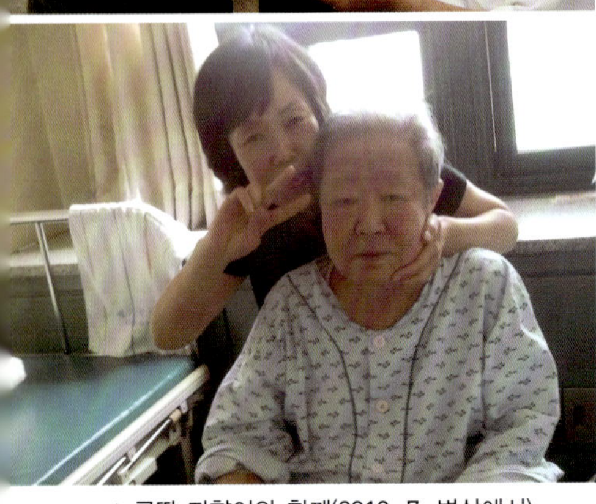

▲ 큰딸 자향이와 함께(2010. 7. 병상에서)

▲ 학동 바닷가에서

원신상 시인 별세

거제의 원로 원신상(1929~2011) 시인이 2011년 9월 9일 향년 83세로 별세했다. 거제에서 장례가 치러졌고 많은 예술인들과 가족이 모인 가운데 출생지인 사등면, 고향 땅에 묻혔다.

▲ 남운 선생의 묘소(2011. 9. 9) 및 묘비

남운 선생 사후에 세워진 詩碑

1 일운면사무소 앞(2011. 11. 11)
2 · 3 망치고갯길(황제의 길) 시비동산(11. 30)

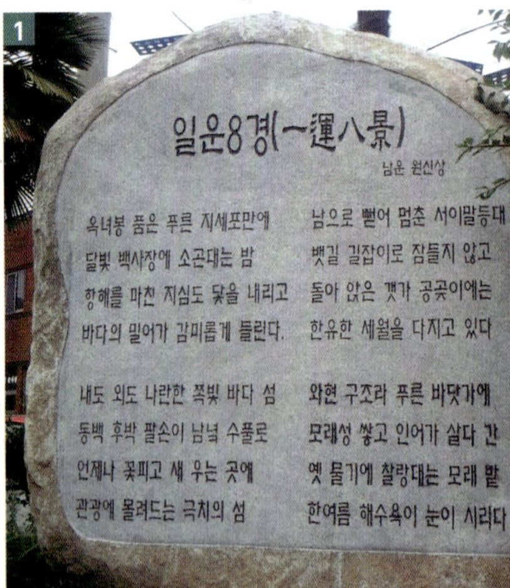